AF188744

pit vogt

nur worte

schicksale

Idee, Design & Layout: Pit Vogt

Alle Texte sind frei erfunden

Impressum

Herstellung und Verlag:
BoD - Books on Demand, Norderstedt
ISBN: 978-3-7504-3668-8

Schneesturm

Sie fragte ihn:
Wo willst du hin
Erstarrt sah er ihr ins Gesicht
Es hatte wohl auch keinen Sinn
Er wollte fort
Egal
Wohin
Und trübe schien das Kerzenlicht

Er zog sich an,
Lief schnell hinaus
Ein Schneesturm kühlte sein Gesicht
Im Eiswirbel nicht Mann,
Nicht Maus
Es war so kalt,
Ein wahrer Graus
Am kleinen Bahnhof brannte Licht

Auf Bahnsteig 3
Stand noch ein Zug
Der Schnee verwirbelte die Zeit
Ein Alptraum
Oder
Selbstbetrug
Vom Alltag hatte er genug
Für eine Nacht
Vom Zwang befreit

Ein junger Mann mit schwarzem Schal
Kam auf ihn zu,
Umarmte ihn
Sie sahen sich das erste Mal
Und küssten sich ganz ohne
Qual
Und plötzlich machte alles Sinn

Vom Schneegestöber eingehüllt
Da liebten sie sich
Heftig, heiß
Manch´ ferner Traum schien da erfüllt
Ein Liebesbrief
Im Schnee zerknüllt
Die Liebe schmolz die Nacht,
Das Eis

Bleibst du bei mir – so fragte er
Der andere Mann blieb still und
Schwieg
Noch einen Kuss,
Der leicht und
Schwer
Dann war der Bahnsteig menschenleer
Und niemand aus dem Zug mehr stieg

Der Schneesturm fauchte dumm und
Klug
Der Zug fuhr ab
Ins Nirgendwo
War alles nur ein Selbstbetrug
Wenn man vom Alltag hat genug
Gibt's Leben nur im
Anderswo

Er schlug den Kragen hoch und ging
Ihm war nicht kalt
Auf Bahnsteig 3
Der Schneesturm sich im Nichts verfing
Ein bisschen Liebe nur,
Ein Sinn
So vieles scheint oft
Einerlei

Noch einmal drehte er sich um
Da war kein Zug,
Kein Mann,
Kein Kuss
Die Flocken wirbelten recht krumm
Er lief nach Hause
Lächelnd,
Stumm
Weil das so ist
Weil man's so
Muss
???

Manchmal liegt Gott tief im Schlafe
Manchmal zählt er wohl die Schafe
Er vergisst dann Stadt und Leute
Und der Teufel lacht voll Freude

Übel stinkt Provinz und Lande
Recht, Gesetz verläuft im Sande
Und der Mob tanzt auf den Straßen
Abwärts geht's in dunklen Gassen

Kein Gott

Sorgenvoll mit schlimmer Ahnung
Spüre ich des Himmels Warnung
Nein, ich sehe Gott nicht mehr
Nebel macht das Leben
Schwer

Lügen-Pfarrer,
Missbrauchsfälle
Ist dort Gott nicht mehr zur Stelle
Mob und Pöbel auf den Straßen
Lässt Gott Menschen böse hassen

Asoziale Hausverwalter
Viel zu dämlich für ihr Alter
Dummheit,
Schwachsinn,
Wenig Bildung
Gott gab hier wohl keine Widmung

Kriege, Hunger, Klima-Hölle
Menschen auf der Armuts-Welle
Gott scheint da wohl in den Ferien
Vielleicht schaut er -heiße- Serien

Für Gesundheit muss man zahlen
Zahlt man nicht,
Stirbt man mit Qualen
Wo ist Gott bei all der Scheiße
Wohl schon lang auf weiter Reise

Mietenwahnsinn,
Spekulanten
Manch´ Betrüger in den Landen
Drogendealer fülln sich Taschen
Gott hat alle wohl verlassen

Korruption und Schmiererein
Fake-News in manch´ Medien schreien
Pöstchen schiebt man quer durchs Amte
Gott schaut weg bei solcher
Schande

Ehrlichkeit, Respekt und Wissen
Musst du hier im Land vermissen
Bist du asozial und kriminell
Kommst du weiter
Flott und schnell

Anspruch, Lust und echte Liebe
Längst verspielt im Puff der Triebe
Wenn du ekelhaft
Versaut
Man dir goldene Brücken baut

Manchem Rentner fehlts an Sonne
Sucht nach Leergut in der Tonne
Weil die Rente nicht mehr reicht
Er nun zum Sozialamt schleicht

Dummheit hetzt durch triste Gassen
Hast du Geld,
Dann darfst du prassen
Dann kaufst du dir alles Recht
Kannst du's nicht,
Dann geht's dir schlecht

Ja, man möchte fort
Und fliehen
Ganz weit zu den Sternen ziehen
Gott ist hier schon lang nicht mehr
Überall scheints öd und
Leer

Noch schwingt Hoffnung tief im Herzen
Leuchten vorm Altar noch Kerzen
Wenn die Seele spürt noch Kraft
Hats der Glaube dann geschafft
???

Stilles Ende

Schikaniert vom Arbeitsamt
Sitzt die Mutter weinend da
Ach, ihr Mann ist weggerannt
Und es zittert ihr die Hand
Auch 2 Kinder sind noch da

Stark gekürzt ward ihr das Geld
Nur die Miete zahln sie noch
Was für eine kalte Welt
Wo der Mensch nicht mehr viel zählt
Wo vom Leben bleibt ein Loch

Zynisch die Vermittlerin
Arbeit jedoch hat sie nicht
Stempeln macht doch keinen Sinn
Grinsend die Vermittlerin
Mit dem glatten Angesicht

Die Regierung feiert sich
Angeblich gibt's Arbeit satt
Schwätzen vornehm,
Vorbildlich
Haben Geld und Job und Licht
Feiern jeden guten Tag

Schweigend sitzt die Mutter da
Denkt an ihre Kinder nur
Plötzlich wird ihr sonnenklar
Dass ihr niemand hilft fürwahr
Traurig schaut sie auf die Uhr

Als sie geht,
Schließt sie die Tür
Nimmt die Kinder an die Hand
Es ist nachmittags um 4
Doch nach Hause geht's nicht mehr
Mit dem Bus ins Nimmerland

Und sie fahren bis zum Fluss
Der sich schlängelt unterm Steg
Ja, sie weiß:
Ab hier ist Schluss
Starrt in diesen wilden Fluss
Weils wohl nicht mehr weitergeht

Fort der Bus,
Es ist sehr still
Nur die Kinder fragen leis
Nein, sie weiß nicht, was sie will
Nirgendwo ein echtes Ziel
Nur die Welt,
Die kalt wie Eis

Nimmt die Kinder in den Arm
Springt mit ihnen in den Fluss
Drüber fliegt ein Vogelschwarm
Dort, wo einst noch Wünsche warn,
Ward ein Grab,
Ein stiller Schluss

Dann zeugt gar nichts mehr von ihr
Fort ein Mensch,
Zwei Kinder tot
Fünf Minuten ist's nach 4
Eine Hoffnung gibt's nicht mehr
Und der Fluss verschweigt die Not

Nachsatz:

Wo blieb Gott an jenem Tage
Wo ein Mensch,
Der helfen sollt
Übrig bleibt so manche Frage
Übrig auch manch´ schmerzend´
Klage
Nur ein ferner Donner
Grollt

Blizzard

Plötzlich war die Fahrt zu Ende! Irgendwo draußen, auf einem kleinen vergammelten Bahnhof in der Nähe von „Farmers-Home". Ich stand auf dem Bahnsteig und wartete nun schon stundenlang auf meinen Zug. Aber er kam nicht. Dafür zog ein heftiger Schneesturm auf. Ich rettete mich ins Innere des Bahnhofsgebäudes. Und es half nichts, ich musste es mir in dem zugigen Bahnhofsgebäude so bequem wie möglich machen. Obwohl ich wirklich sauer war, nun nicht mehr weiter zu kommen, arrangierte ich mich schnell mit dem Gedanken, in diesem alten Bahnhof am Rand der Zeit übernachten zu müssen. Denn vor dem nächsten Morgen würde kein Zug mehr fahren. Mein mittlerweile einziger Gedanke kreiste nur noch um dieses wackelige Gebäude. Hoffentlich hielt es dem immer heftiger tobenden Sturm stand. In wenigen Tagen war Heiliger Abend, und das Schneegestöber dort draußen gewann derart an Heftigkeit, dass es diverse Gegenstände, wie Schaufeln und Schilder durch die Luft trieb. Es pfiff durch alle Ritzen und ich staunte, wie viele es doch waren. Und trotzdem ich eine warme Jacke angezogen hatte, fror es mich ganz erbärmlich. Ich machte es mir auf einer hölzernen Bank, die wohl schon hundert Jahre zählen mochte, bequem. Plötzlich wurde die Tür aufgestoßen und ich bekam einen fürchterlichen Schreck. Ich dachte, dass der Sturm die Tür aufgebrochen hatte. Doch glücklicherweise war es nicht so und ein fremder Mann betrat fröstelnd die kleine Halle. Er klapperte derart laut mit seinen Zähnen, dass ich mir schon Sorgen um seinen Gesundheitszustand machte. Doch er winkte lachend ab und meinte, dass er keinen anderen Ort mehr gefunden hatte, um sich vor dem aufziehenden Sturm zu schützen. Da wir an diesem Abend wohl keinerlei Gäste mehr zu erwarten hatten, stellten wir uns gegenseitig vor. Er hieß Danny und kam aus einer Ortschaft, die wohl nicht sehr weit entfernt sein musste. Er kam mit dem Auto und konnte nicht mehr weiterfahren. Das alte Bahnhofsgebäude schien auch ihm irgendwie der rechte Schutz vor dem Sturm zu sein. Wir kamen schnell ins Gespräch und ich erzählte ihm von meinem Ausflug in diese Gegend. Ich war auf Recherche und wollte ausgerechnet eine Reportage über vergessene Ortschaften schreiben. Nun kam ich selbst in die Lage, in solch einer vergessenen Situation festzusitzen. Doch Danny schien ein lebenslustiger Mensch zu sein. Er meinte, dass zu Hause seine Frau Emily und sein kleiner Sohn Glenn auf ihn warteten. Vor einer halben Stunde aber brach der Kontakt ab und sein Handy bekam keinen Empfang mehr. Ich versuchte, mein Handy flott zu bekommen, doch auch das funktionierte nicht. Es schien, als wären wir beide regelrecht von der Außenwelt abgeschnitten. Draußen musste die Hölle los sein. Es pfiff und rauschte derart laut, dass wir Mühe hatten, unsere Worte zu verstehen. Außerdem brach der Sturm andauernd irgendein Fenster auf und wehte Unmengen an Schnee in die Schalterhalle. Auf dem Bahnsteig waren schon lange keine Gleise mehr zu erkennen. Stattdessen türmten sich so langsam meterhohe Schneewehen dort auf. Mir wurde schon bange, wohl auch am folgenden Tage nicht mehr hier wegzukommen. Danny schien meine Besorgnis zu bemerken. Er bot mir an, mich bis in die nächste Stadt mitzunehmen. Er musste wie ich nach Norden fahren und konnte mir vielleicht ein Stück Weg abnehmen. Doch diesen Vorschlag musste er wohl oder übel doch noch einmal überdenken, denn auch die Straße sah nicht besser aus als das Gleis am Bahnsteig. Auch dort türmten sich meterhohe Schneewehen und es würde wohl Tage dauern, bis sich jemand bis hierher durchgekämpft hätte. Gemeinsam schoben wir die Sitzbank vor die Eingangstür, um dem Sturm die Möglichkeit zu verwehren, weitere Schneemassen hinein zu pusten. Die Heizkörper funktionierten nicht und uns blieben wirklich nur unsere Kleidung und unsere hitzigen Gedanken, dass es uns etwas angenehmer wurde. Danny erzählte, dass er noch immer keinerlei Weihnachtsgeschenke für die Familie dabeihatte. Und es war ganz seltsam, wir unterhielten uns plötzlich über unsere Erlebnisse, die wir früher an Weihnachten hatten, als wir selbst noch Kinder waren. Es stellte sich heraus, dass Danny in meinem Alter war, und nun verband uns so manche Erinnerung. Plötzlich wurde es stockdunkel.

Erschrocken hielten wir den Atem an und harrten sekundenlang den Dingen, die da kommen mochten. Doch es kam nichts! Was war geschehen? Danny fasste sich als erster und schaute durch die kleine Glasscheibe in der Eingangstür. Umständlich, weil er nichts sehen konnte, schob er die Sitzbank beiseite und wollte zu seinem Fahrzeug. Vor dem Eingang jedoch hatte sich eine mannshohe Schneedüne aufgehäuft, die das Licht nicht in den kleinen Wartesaal ließ. Allerdings war es ohnehin bereits Abend geworden, sodass es auch draußen bereits dämmerte. Der Sturm war derart stark, dass Danny kaum vorankam. Er brauchte einige Zeit, bis er seinen Wagen, der eigentlich gleich vor dem Eingang parkte, fand. Er wollte eine Taschenlampe holen. Ich versuchte unterdessen, einen Lichtschalter zu finden. Als ich endlich einen entdeckte und ihn betätigte, reagierte nichts. Also war auch der Strom ausgefallen. Mir schwante bereits, dass das kein gutes Zeichen sein konnte. Als Danny zurückkehrte, schoben wir schnellstens die Bank vor die Tür und Danny klopfte sich erst einmal den Schnee von seiner Kleidung. Als wir wieder auf der Bank saßen und im schwachen Licht der Taschenlampe von heißem Kaffee und einem belegten Brötchen träumten, knisterte es plötzlich zwischen den krachenden Sturmböen, die fortwährend gegen das kleine Bahnhofsgebäude prallten. Wir konnten uns die Herkunft dieses seltsamen Geräusches, welches so gar nicht zu dem Gepolter des Blizzards passte, erklären. Doch plötzlich schaltete sich das Licht wieder ein und ein alter Mann stand mitten in der Schalterhalle. Zwar erschraken wir, doch der Gedanke, nicht so ganz allein in dieser kalten Halle ausharren zu müssen, ließ uns alles andere schnell vergessen.

Der Alte klopfte sich prustend den Schnee von seiner Jacke und ich fragte ihn, wie er durch die versperrte Eingangstür gekommen sei. Er antwortete jedoch nicht auf diese Frage, hustete mehrmals und sagte dann: „Ein Mistwetter! Ausgerechnet jetzt, kurz vor Weihnachten. Hoffentlich hört das bald wieder auf."

Danny warf mir einen vielsagenden Blick zu. Er war sich wohl genau wie ich nicht so ganz sicher, woher der Alte wirklich gekommen war. Denn die Fenster waren vom Schnee versperrt, und draußen vor dem Gebäude gab es ebenfalls keinerlei Wege mehr, die man hätte passieren können. Stöhnend nahm der Alte neben uns Platz. Nun waren wir schon drei und ich freute mich, dass er aus seinem kleinen Rucksack, den er bei sich führte, eine Thermoskanne herauszog. Ohne viele Worte zu verschwenden, goss er ein und reichte den Becher an uns weiter. Es war eine Wohltat, den heißen Kaffee herunter zu schlürfen. Wir fühlten uns gleich wesentlich lebendiger, auch wenn uns klar wurde, dass dieser Zustand nicht anhalten würde. Denn vor uns lagen noch eine stürmische eiskalte Nacht und ein ebenso ungastlicher Morgen. Nur wie sollten wir uns daraus befreien? Der alte Mann wusste auch keinen Rat und sprach andauernd über Weihnachten und von den verschneiten wunderschönen Winterwäldern. Ich konnte seine Gelassenheit überhaupt nicht verstehen und machte ihm das auch deutlich. Und ehe ich mich versah, befanden wir uns auch schon in einem angeregten Gespräch über unser Leben und unsere Sorgen. Auch in mir kam so viel hoch, was ich glaubte, längst vergessen zu haben. Dieser lange Weg zur Selbsterkenntnis und die vielen Umwege, die ich so gegangen war, um endlich zu mir selbst zu finden. Das nur, um am Ende festzustellen, dass ich doch noch lange nicht am Ziel meines Weges angekommen war. Der Alte wunderte sich über die vielen unterschiedlichen Wege, die wir so hinter uns hatten. Er meinte, dass es gar nicht so schlimm sei, so viele verschiedene und vollkommen unterschiedliche Wege hinter sich gebracht zu haben. Nur so könnte man die Welt in ihren unterschiedlichen Facetten und Formen kennenlernen. Nur so würde man lernen, richtig zu leben. Dabei käme es nicht darauf an, wie alt man dabei würde. Und gerade ich hatte große Probleme bei dem Gedanken, immer älter zu werden, und dabei vielleicht nie den Stein der Weisen gefunden zu haben. Der alte Mann jedoch sagte nur: „Es ist nicht wichtig, wie alt man wird, um eine Erkenntnis zu bekommen. Es ist wichtig, dass man überhaupt eine Erkenntnis hat. Das allein rechtfertigt schon, richtig leben zu können. Und da ist das Alter nicht wesentlich. Manchmal ist es sogar besser, älter und erfahrener zu sein, damit man diese Erkenntnisse auch ebenso richtig anwenden kann." Danny nickte zustimmend und erzählte ihm von seiner Frau und seinem kleinen Sohn. Und irgendwie schien der Alte gar nicht verwundert zu sein. Er hatte es wohl erwartet, dass Danny Familie hatte. Doch sollte er es ihm wirklich angesehen haben? Ich konnte mir das einfach nicht vorstellen und fragte ihn auch nicht danach. Mir war furchtbar kalt und ich wollte weiterfahren. Ich wollte nach Hause, doch mir war bewusst, dass das nicht ging. Plötzlich sagte der Alte, dass der Blizzard bald aufhören würde. Außerdem müsste er unbedingt weiter. Es wäre dringend, meinte er. Mit den Worten: „Der Sturm wird bald vorbei sein, Ihr dürft nur die Hoffnung nicht aufgeben. Euch und Euren Familien gesegnete Weihnachten", stand er auf. Und noch bevor wir ihm die gefährliche Situation da draußen klarlegen konnten, verschwand er. Gleichzeitig fiel erneut der Strom aus. Nun saßen wir wieder im Dunkeln. Wir hatten nicht bemerkt, an welcher Stelle er hinausgegangen war. Doch eines hatte er wohl vergessen, seinen Kaffee! Die Thermoskanne stand auf der Bank und es befand sich tatsächlich noch ein Rest Kaffee darin. Wir machten uns große Sorgen. Was wäre, wenn er den Weg nicht finden konnte? Danny lief zur Tür. Doch er konnte nichts sehen. Draußen tobte noch immer dieser heftige Schneesturm, und die Schneedünen vor Türen und Fenstern waren unüberwindlich hoch. Es war alles sehr seltsam, doch wir wurden plötzlich derart müde, dass wir schließlich auf der Bank einschliefen. Stunden mochten vergangen sein, als ich endlich wach wurde. Ich schaute auf meine Uhr, sie zeigte 9 Uhr. Doch in der kleinen Schalterhalle war es noch immer stockdunkel. Danny war bereits wach und versuchte, den Schnee von den Fenstern zu entfernen. Doch dazu musste er erst einmal ein Loch in die Schneehaufen bohren. Ich stand auf und schob die Bank weg von der Tür. Als ich die Tür öffnete, stand ich vor einer riesigen Schneewand. Ich rief Danny und bat ihn mir zu helfen, ein Loch in die Schneebarrikade zu schürfen. Glücklicherweise hatten wir dicke Handschuhe dabei, so schmerzte es nicht so sehr in den Fingern. Irgendwann hatten wir einen schmalen Durchgang geschaffen und erblickten voller Freude das Tageslicht. Es blendete sehr stark und es dauerte eine Weile, bis sich die Augen an das grelle Sonnenlicht gewöhnt hatten. Als wir endlich draußen standen, erkannten wir unsere ausweglose Situation. Doch plötzlich ertönte ein lautes Brummen über uns. Wir schauten nach oben und sahen, wie ein Hubschrauber über dem Bahnhofsgebäude kreiste. Offenbar hatte uns bereits irgendjemand vermisst. Die Tür des Hubschraubers wurde geöffnet und jemand rief herunter: „Hallo, wir lassen jetzt eine Strickleiter zu Ihnen hinunter! Klettern Sie daran hoch! Wir kommen noch ein Stück runter! Trauen Sie sich das zu?" „Ja, das geht", entgegnete ich und Danny holte schnell seine Sachen aus dem Gebäude. Mühsam hangelten wir uns an der wackeligen und ständig nach allen Seiten schwingenden Strickleiter nach oben. Dort wurden wir von zwei kräftigen Männern in Empfang genommen. Atemlos lagen wir auf dem Boden des Hubschraubers und wussten gar nicht, wie uns geschah.

Später erfuhren wir, dass der Hubschrauber von einem fremden Mann gerufen wurde. Wir wussten sofort, wer das war, es war der sonderbare alte Mann! Als Danny Tage später sein Fahrzeug holen konnte, staunte er nicht schlecht. Das ganze Auto war über und über mit Weihnachtsgeschenken vollgestopft. Er konnte es nicht fassen und konnte sich erst recht nicht erklären, wie der Alte das alles zustande bekommen hatte. Aber auch ich bekam noch meine Überraschung. Am Vormittag des Heiligen Abend erhielt ich eine Postsendung. Darin war ein Bildband über die Gegend, über welche ich eine Reportage schreiben wollte. Sogar das alte Bahnhofsgebäude, in welchem wir festsaßen, war dabei. Meine Freude war riesengroß. Nur vermisste ich einen Absender auf dem Paket. Dem wunderschönen Bildband lag eine kleine Weihnachtskarte bei und über einer Widmung hatte man einen lustigen Weihnachtsmann abgebildet. Ich erkannte ihn sofort! Es war dieser rätselhafte alte Mann!

Weihnachten an „Ausfahrt 77"

Das Schneetreiben nahm einfach kein Ende mehr. Immer dichter verwehte der immer stärker werdende Sturm die riesigen Flocken und Susan musste das Scheinwerferlicht ihres Wagens abblenden, um überhaupt noch etwas zu erkennen. Mit aller Macht krachten die Sturmböen in ihr Fahrzeug und es schien beinahe unmöglich weiterzufahren. Sonderbarerweise schien sie plötzlich ganz allein auf der Autobahn zu sein. Allerdings verwehrte der tosende Blizzard ohnehin, dass sie die Scheinwerfer anderer Fahrzeige wahrnehmen konnte. Längst fuhr sie nur noch Schritttempo, und da bemerkte sie es, dieses etwas windschiefe Schild, welches auf die „Ausfahrt 77" hinwies.

„*Da muss ich mal raus!*", rief sie laut und ihre Entscheidung schien goldrichtig zu sein. Denn plötzlich krachte ein riesiger Baumstamm mitten auf die Fahrbahn und versperrte den Weg. Susan aber fuhr die „Ausfahrt 77" von der Autobahn ab. Die Straße allerdings wurde schmaler und schmaler und mündete schließlich in einen unbefestigten Weg. Der führte geradewegs in ein dichtes Waldstück. Dort ging es nicht mehr weiter und Susan nahm an, dass es sich um einen kleinen Waldparkplatz handelte. Nur war sie ganz alleine dort.

„*Nicht einmal den Schnee hat einer weggeräumt!*", murrte sie in sich hinein.

Als sie den Motor des Wagens ausgeschaltet hatte, vernahm sie das Donnern und Tosen des Sturmes, der sich in den zahllosen Tannen verfing und die Schneewolken wie eine riesige Herde vor sich hertrieb. Susan hustete und dachte an ihre Eltern. Eigentlich war sie auf dem Weg zu ihnen und wollte unbedingt abends, zum *Heiligen Abend*, dort sein. Aber nun? Es war so dunkel, dass sie glaubte, es sei schon tiefste Nacht. Nervös kramte sie ihr Handy aus der Tasche. Doch es war wie verhext, an diesem verlassenen Ort gab es einfach kein Netz. Aussteigen wollte sie nicht, denn der Sturm war einfach zu stark. So kippte sie die Lehne ihres Sitzes nach hinten, legte sich gemütlich in das entstandene bettähnliche Gebilde und schloss ihre Augen.

Zur gleichen Zeit war auch Familie Miller, Ron, Lena und der kleine Tim, auf dem Weg nach Hause. Und auch sie benutzten jene Autobahn, auf welcher schon Susan gefahren war. Auch sie wunderten sich, dass sie plötzlich ganz allein unterwegs waren. Schließlich fanden sie die winzige „Ausfahrt 77", welche auch Susan genommen hatte, um den Blizzard abzuwarten. Familienvater Ron schimpfte und Lena, seine Frau, versuchte, den Frieden wiederherzustellen.

„Dann schaffen wir es eben nicht!", zischte sie, *„Den Weihnachtsbaum können wir morgen immer noch aufstellen!"*

Langsam glitt der Wagen unter den mit Schnee bedeckten Tannen entlang und erreichte den winzigen Parkplatz, wo auch Susan stand. *„Schaut mal",* rief Tim, der kleine Sohn der Familie, laut, *„dort steht noch ein Auto!"*

Ron hatte es ebenfalls bemerkt und hielt den Wagen an. Lena musste kichern und sagte mit bebender Stimme: *„Das sich hierher noch jemand verirrt hat, unfassbar."*

Die kleine Familie starrte aus dem Wagen in das wilde Schneegestöber und hatte das Weihnachtsfest, den *Heiligen Abend*, längst abgeschrieben.

Plötzlich ließ der Sturm nach und Ron wollte den Wagen wieder starten. Doch aus irgendeinem Grund funktionierte etwas nicht.

„*Auch das noch!*", rief er entnervt und stieg aus. Auch Susan hatte wohl mitbekommen, dass der Sturm vorüber war und wollte abfahren. Und auch ihr Wagen streikte. Immer wieder versuchte sie es und starrte dabei genervt zu dem anderen Wagen, dem es ebenso erging. Ron zuckte hilflos mit den Schultern und lehnte sich kopfschüttelnd an seinen Wagen. Nun stiegen auch der kleine Tim und seine Mama Lena aus und sprangen vergnügt durch den Schnee. Die beiden schien es gar nicht zu stören, dass sie an diesem merkwürdigen verlassenen Orte festsaßen. Im Gegenteil, sie freuten sich und trällerten ein Weihnachtslied nach dem anderen. Susan stieg ebenfalls aus ihrem Auto und rief: „*Es hat wohl wenig Sinn, in den Motorraum zu sehen! Oder haben Sie Ahnung?*" Damit schaute sie zu Ron, der immer wieder mit den Schultern zuckte.

„*Wissen Sie was*", rief Lena, „*wir haben einen Weihnachtsbaum dabei. Den haben wir eigentlich für heute Abend besorgt, es war der letzte, ein bisschen schief zwar, aber egal. Wollen wir ihn hier aufstellen?*"

Tim rief laut: „*Ja, das wär wirklich schön*", und Susan nickte, während sie sich die kalten Hände rieb.

„*Ich habe Streichhölzer dabei, und wenn wir ein bisschen Reisig sammeln, das halbwegs trocken ist, könnten wir uns ja ein Lagerfeuer machen.*"

Susan fand diese Idee großartig und holte die Flasche Sekt, die eigentlich für ihre Eltern bestimmt war, aus dem Wagen.

„*Und die trinken wir dazu!*", rief sie laut.

„*Schade, dass wir nichts zu essen dabeihaben*", meinte Ron.

Und während die anderen nach trockenem Reisig suchten, holte Susan die Becher ihres Saftservice aus dem Wagen.

„Das war eigentlich ein Geschenk für meine Eltern, für den Sommer, wenn sie im Garten ihres kleinen Häuschens sitzen. Komisch, nun muss es ausgerechnet im Winter ausprobiert werden!"

Lena und Ron mussten kichern und Tim sprang immer wieder durch den meterhohen Schnee, um sich in besonders hohe Haufen einfach fallen zu lassen. Es dauerte nicht lange, da hatten sie eine Menge Holz gesammelt und Ron versuchte, das Lagerfeuer zu entfachen. Doch so sehr er sich auch mühte, das Feuer wollte nicht entstehen.

Plötzlich knackte es laut. Die Vier zuckten zusammen!

„Haben Sie das gehört? Was war das?", rief Lena.

„Ist vielleicht ein Bär oder ein noch wilderes Tier!", entgegnete Susan und musste lachen. Den anderen Dreien aber war es nicht nach lustig sein. Sie verzogen sich in ihren Wagen und schauten von dort ängstlich in die Dunkelheit. Plötzlich bohrten sich zwei Scheinwerferkegel in die Nacht und ein drittes Fahrzeug rollte heran. Es war ein winziges altes Auto, welches klapperte und quietschte. Es schien wohl ebenfalls nicht mehr weiterfahren zu wollen und hielt schließlich neben den anderen beiden Autos an. Kaum war der Motor aus, sprang ein junger Mann aus dem Wagen. Der stöhnte laut und rief aus voller Kehle: *„Was für ein blöder Abend! Das hatte gerade noch gefehlt!"*

Nun kamen auch die anderen aus ihren Autos und gesellten sich zu dem Neuankömmling.

„Ist die Autobahn immer noch dicht?", erkundigte sich Ron und der junge Mann, der sich unbedingt

John ansprechen lassen wollte, meinte, dass er einfach nur eine Pause machen wollte.

„Sagen Sie mal … John … haben Sie getrunken?", wollte Susan von dem unbekümmerten, ziemlich kecken Mann wissen. Der vermeintliche John pfiff sich ein Weihnachtsliedchen und rief: *„Ein wenig, aber was soll's! Es geht sowieso nicht mehr weiter! Ich bin eben rausgeflogen und kann jetzt tun und lassen, was ich will!"*

Ron und Lena verzogen ihr Gesicht, nur Susan schien das nicht zu stören. Sie fand den frechen Jüngling möglicherweise recht nett und lächelte ihn verlegen an. Als John bemerkte, dass Ron das Reisig nicht anzünden konnte, kramte er aus dem Kofferraum seines Autos mehrere Einmalgrills hervor.

„Damit dürfte es wohl gehen! Zufällig habe ich in einer solchen Fabrik gearbeitet, die so was herstellt. Habe einige heimlich beiseitegeschafft und die können wir nehmen!"

Ron und Lena fanden das zwar nett, doch über die Art und Weise, wie John zu den Einmalgrills gekommen war, rümpften sie nur die Nase. Als dann aber das Lagerfeuer knisterte und einen angenehmen, warmen Feuerschein verbreitete, schien es egal zu sein, woher die Grills gekommen waren. Sie waren da und das war einfach gut so. John hatte ein paar leere Bierkästen im Wagen und die holte er und stellte sie um das Feuer herum. Währenddessen brachte Ron den Weihnachtsbaum. Er steckte ihn in den tiefen Schnee gleich neben dem Feuer und Lena band noch ein paar Zellstofftaschentücher an dessen Äste, damit sie nicht so kahl aussahen. Etwas Anderes hatten sie ja nicht und dann setzten sie sich auf die Bierkästen und wärmten sich am Feuer die Hände. Susan rutschte immer näher an John heran, und der holte sein Pausenbrot, welches er an diesem Tag ja nicht mehr gebraucht hatte, um es mit den anderen zu teilen. Für jeden war ein belegtes Brot da und es schmeckte wirklich gut. Währenddessen öffnete Lena die Sektflasche. Genüsslich goss die jedem etwas in die Plastik-Saftbecher ein.

Dann erhob sie ihren Becher und wollte etwas sagen, da knirschte es plötzlich. Es hörte sich an, als wenn etwas durch den Schnee stapfte. Ron, der schon glaubte, ein Wolf wäre im Anmarsch, zog einen brennenden Ast aus dem Feuer und zischte: *„Bleibt wo ihr seid, ich versuche, das wilde Tier mit dem Feuer zu vertreiben."*

Es dauerte eine ganze Weile, ehe sich das vermeintliche Wildtier zeigte. Allerdings war es kein wildes Tier, sondern ein Mensch. Es war ein alter Mann, der irgendwie aussah wie der Weihnachtsmann. Zwar trug er keinen langen roten Mantel, sondern einen alten braunen, der obendrein auch noch kleine Löcher hatte. Und sein Bart war auch nicht weiß, sondern zerzaust und grau. Immerhin, einen Rucksack, wenngleich einen sehr ausgeleierten, hatte er auf dem Rücken.

Als er die Fünf an ihrem Lagerfeuer und dem danebenstehenden Weihnachtsbaume sitzen sah, blieb er stehen und räusperte sich laut. Keiner traute sich, etwas zu sagen und Ron warf schnell den brennenden Ast ins Feuer zurück, bevor er sich auf seine Kiste fallen ließ. Neugierig schaute sich der Alte um und räusperte sich erneut. Aber dann nahm er seinen Rucksack vom Rücken und ließ ihn in den Schnee plumpsen.

„Na", begann er zu sprechen, *„da war wohl der Winter schneller, als ihr gucken konntet, wie?"*

Und als er das sagte, schaute er sich den Weihnachtsbaum genauer an, welcher vom knisternden Lagerfeuer geheimnisvoll angeleuchtet wurde.

John fasste sich als erster und sagte: *„Ja, so kann man das wohl sagen! Auf der Autobahn geht's ja nicht mehr weiter. Aber irgendwie ist´s wie im richtigen Leben."*

Der Alte schaute John mit ernster Miene an und meinte schließlich: *„Manchmal sind unsere Wege einfach versperrt und wir müssen stehenbleiben. Dann müssen wir eben die nächste Ausfahrt nehmen, um nachzudenken, was wir tun können, stimmt´s?"*

Abwartend schaute er in die Runde und Susan hatte Tränen in ihren Augen. So gern wäre sie jetzt bei ihren Eltern, wäre bei ihrer Mutter und würde sie umarmen, wie auch ihren achtzigjährigen Dad. Der Alte schritt etwas näher an die mit den Tränen ringende junge Frau heran und nickte ihr aufmunternd zu, während er dabei seine Augen schloss.

„Keine Sorge, es geht ihnen gut. Sie sind wohlauf und warten auf dich."

Susan wollte etwas sagen, doch der Alte öffnete seine Augen und meinte dann: *„Fürchte dich nicht. Ich kann mir schon denken, dass du dich sehr um sie sorgst. Aber wenn ich dir sage, dass sie wohlauf sind, kannst du mir das glauben. Es wird alles gut."*

Lena musste sich nun ebenfalls die Tränen aus dem Gesicht wischen und hielt die Hand ihres Mannes ganz fest. Mit der anderen zog sie ihren kleinen Sohn fest an sich heran und ließ ihn nicht mehr los. Auch zu den Dreien stapfte der Alte und hatte wohl bemerkt, wie sehr Lena bemüht war, die Familie zusammen zu halten.

„Es ist doch nicht schlimm, Weihnachten mal nicht daheim zu feiern.", meinte er dann.

„So viele Menschen können das nicht. Ist es denn so wichtig, jeden Heiligen Abend im schicken Heim zu verbringen? Reichen dafür nicht auch ein verschneiter Tannenwald und ein Lagerfeuer mittendrin? Schaut, ihr habt

ein solch schönes Lagerfeuer gemacht und den Baum so wunderbar aufgestellt, besser geht's doch wirklich nicht. *Ach so, noch was, egal, wo ihr auch immer seid, ihr seid zusammen. Das ist es, was zählt, Zusammensein! Und das ist doch ganz einfach und gar nicht schwer.*"

Als er Susan weinen sah, musste er ein wenig grinsen. Und als er so zu ihr stapfte, um sie sich genauer zu betrachten, sagte er: „*Und du solltest nicht ewig so allein durchs Leben gehen. Sieh mal, gar nicht weit von dir entfernt ist jemand, der heute ein liebes Wort gebrauchen kann. Denn er hat etwas verloren, das ihm sehr wichtig war.*"

Bei diesen Worten schaute er kurz zu John, der das alles sehr gut zu verstehen schien. Er lächelte Susan an und die trank ihren Becher in einem Zuge leer. Schließlich wischte sie sich die Tränen aus den Augen und schob verlegen ihre Bierkiste neben Johns. Der zögerte gar nicht lang und nahm die junge hübsche Frau beherzt in seine Arme. Irgendwie schienen sie sich wohl gefunden zu haben, jedenfalls nickte der Alte wieder so seltsam, als er auf den Weihnachtsbaum zu stapfte. Unterwegs blieb er noch bei dem kleinen Tim stehen und strich ihm sachte über seine bunte Bommel-Mütze.

„*Du musst mir versprechen, besser in der Schule zu lernen, sonst wird's nichts mit dem Berufswunsch Feuerwehrmann!*"

Tim war wie erstarrt, hatte er doch nie gedacht, dass dieser alte Mann etwas von seinen Zensuren und schon gar nicht von seinem Traum von einem Feuerwehrauto wusste. Er wurde puterrot und schämte sich ein wenig. Doch der Alte ließ sich nicht beirren und sagte nur: „*Ach, nimm es nicht so schwer! Das schaffst du schon. Immerhin hast du heute den Weihnachtsmann gesehen. Wenn das nichts ist!*"

Er öffnete seinen Rucksack und holte einige bunt eingewickelte Dinge hervor.

„Hier, das ist für euch, und ich bin mir sicher, dass jeder sofort weiß, welches Geschenk für ihn ist. Ich muss nun weiter. Euch wünsche ich alles Glück dieser Welt und vergesst niemals diesen wundervollen Abend. Denn es ist euer Heiliger Abend. Gottes Segen und ahoi!"

Mit diesen Worten schnallte er sich den alten Jute-Rucksack wieder auf den Rücken und verschwand alsbald zwischen dem Geäst der Sträucher und der düsteren Tannen.

Ron schaute nachdenklich zum lodernden Feuer und bemerkte, dass da noch der Wanderstock des Alten lag. Schnell sprang er auf, griff sich den Stock und rannte dem Alten hinterher, um ihm den Stock zu bringen. Doch so sehr er sich auch umschaute, den alten Mann konnte er nirgends mehr entdecken. So nahm er den Stock an sich und ging zurück. Die übrigen Vier saßen noch immer schweigend um den Weihnachtsbaum und das Lagerfeuer herum und wussten nicht, wie ihnen geschah. Dann aber rief John: *„Na los, lasst uns die Geschenke öffnen! So schnell finden wir ganz sicher keine mehr heute Abend!"*

Und so erhoben sich alle und nahmen sich je ein Päckchen. Merkwürdigerweise trugen alle Geschenke kleine Etiketten, auf denen ihre Namen verzeichnet waren. Schnell waren sie ausgepackt, wobei sich der kleine Tim besonders beeilte. Als alle ihre Päckchen geöffnet hatten staunten sie. John und Susan hatten je eine Reise in eine idyllisch gelegene Baude im Gebirge geschenkt bekommen. Und es war klar, dass sie diese Reise zusammen machen wollten. Lena wunderte sich, denn diesmal hatte sie kein Küchengerät bekommen, so wie sonst. Nein, es war etwas, dass sie sich schon lange gewünscht hatte: *ein Urlaub in einer winzigen Fischerhütte am Meer.*

Und auch Ron fand diesen Urlaubscheck in seinem Präsentkarton. Ja, und der kleine Tim bekam ein blinkendes, feuerrotes Feuerwehrauto, ein ferngelenktes, denn das wünschte er sich am allermeisten. Seine kleinen braunen Augen leuchteten und alle sahen, wie glücklich er war.

Noch sehr lange saßen die Fünf am Lagerfeuer und der *Heilige Abend* verging. Schließlich wurden sie müde und wollten nur noch eines: *nach Hause!*

Als schließlich auch das Lagerfeuer verlösche, räumten sie alles in die Fahrzeuge, verabschiedeten sie sich voneinander und tauschten noch ihre Adressen aus. Zufrieden setzten sie sich in ihre Autos, und es war ganz merkwürdig, denn die Fahrzeuge ließen sich sofort starten. Langsam fuhren sie durch den tief verschneiten Winterwald zur Autobahn zurück. Und auch hier wunderten sie sich, denn es waren viele Fahrzeuge unterwegs.

„Ach, das war wirklich ein wunderschöner Heiliger Abend.", stöhnte Lena und Ron nickte ihr zustimmend zu. Währenddessen schlief der kleine Tim auf dem Rücksitz und hielt dabei seine neue feuerrote Feuerwehr ganz fest in seinen Händen. Susan und John fuhren hintereinander her und hatten nur ein einziges Ziel: die Liebe. Nie hätte Susan gedacht, auf eine solch merkwürdige Weise jemanden kennenzulernen. John fühlte sich ebenso und ihm war leicht, so leicht wie schon lange nicht mehr. Er wusste, dass er mit dieser fabelhaften Frau, mit Susan, alles schaffen könnte. Das gab ihm die nötige Kraft zum Weitermachen und für einen Neuanfang. Und dieses vermeintliche Wunder hatte ihm dieser sonderbare *Heilige Abend* gebracht.

Als Susan schließlich daheim bei ihren Eltern eintraf, kam sie diesmal nicht allein. Sie brachte einen netten, gutaussehenden jungen Mann mit, John.

Tim, der daheim wieder zu ganz neuem Leben erwachte, weil er nicht mehr müde sein wollte, setzte sich gleich an seinen Laptop. Er wollte unbedingt die Stelle heraussuchen, wo die Ausfahrt war, an welcher sie diesen merkwürdigen *Heiligen Abend* erlebt hatten. Doch als er auf der Karte nachschaute, gab es da weder eine solche Ausfahrt noch einen dichten Tannenwald. Nichts dergleichen war da zu sehen.

Als er den Laptop traurig wieder zuklappte, strich ihm seine Mama übers Haar und meinte: *„Ist es nicht egal, ob es diese Ausfahrt gibt oder nicht? Schau, wir waren alle zusammen und haben sogar ganz liebe neue Freunde kennengelernt. Und du mein Sohn, du hast den Weihnachtsmann gesehen. Das ist doch wirklich toll!"*

Tim sah das natürlich ein und er holte seine feuerrote Feuerwehr und ließ sie quer durchs Zimmer fahren. Und dabei war ihm, als wenn eine wohlbekannte Stimme raunte: *„War das nicht ein toller Heiliger Abend? Immerhin hast du heute den Weihnachtsmann gesehen. Das ist doch auch etwas. Frohe Weihnachten Tim und nicht vergessen: Das Wichtigste ist, dass man zusammen ist und am Heiligen Abend nicht allein bleiben muss, egal, wo man gerade ist."*

Eiszapfen

Dieser Winter ist voller Leichen! So titelte eine namhafte Tageszeitung in Chicago und viele Leute, die jeden Tag aus dem Hause mussten, hatten große Angst. Dennoch musste es weitergehen und so versuchte man, das Unausweichliche, diese ständige Bedrohung zu verdrängen. Und dann geschah es wieder – erneut wurden zwei tote Menschen gefunden. Sie lagen einfach auf dem Bürgersteig und niemand wusste, was ihnen zugestoßen sein konnte, denn von einem Täter fehlte immer jede Spur.

Jerry hatte all die vielen Horrornachrichten verfolgt und wusste nun selbst nicht mehr, ob er das Haus noch einmal verlassen sollte oder besser nicht. Er wusste, dass es nicht möglich wäre, ohne den Job zu verlieren, einfach für eine unbestimmte Zeit daheim zu bleiben und die Katastrophe auszusitzen. Deswegen nahm er sich vor, genau aufzupassen und sich ständig umzuschauen, während er durch die Straßen lief. Natürlich wusste er genau, dass es nicht möglich war, alles um sich herum unter Kontrolle zu haben. Aber ein gewisses Maß an Aufmerksamkeit konnte keineswegs schaden. So verließ er das Haus und fühlte sich wirklich nicht wohl in seiner Haut. Sein Weg führte durch belebte Straßen und es sah wahrlich nicht so aus, dass ein verrückter Mörder hier herumlungern würde, um gleich loszuschlagen.

Plötzlich allerdings schrie jemand laut auf! Jerry fuhr herum und erschrak! Nicht weit von ihm entfernt lag ein junger Mann. Er bewegte sich nicht mehr und Jerry wusste sofort, was das bedeutete. Als er sich dem Fremden näherte, entdeckte er eine blutende Wunde an seinem Kopf. Vermutlich war der Mann von einem anderen erschlagen worden. Die schnell eintreffende Polizei wunderte sich schon gar nicht mehr, hatte sie doch längst mit dem nächsten Opfer gerechnet. Einer der Beamten meinte, dass es schon ein schwerer Gegenstand gewesen sein musste, mit welchem der Täter zugeschlagen hatte. Als die Leiche abgeholt wurde, lief auch Jerry weiter. Doch es war ganz seltsam, zwar hatte er einen solch furchtbaren Fall noch nie miterlebt, aber irgendetwas erschien ihm sonderbar. Er konnte es sich nicht erklären, aber er spürte es genau und eine innere Stimme meinte, dass hier etwas nicht mit rechten Dingen zuging.

Es hatte wieder zu schneien begonnen, da blieb er stehen und zog sein Mobiltelefon aus der Tasche. Er konnte einfach nicht ins Büro gehen und rief dort an, um sich einen Tag frei zu nehmen. Das ging recht einfach, denn er hatte unzählige Überstunden, und sein Chef hatte ihm schon vor Wochen das Abbummeln dieser Stunden angeboten. Nachdenklich setzte er sich auf eine Bank und schaute sich um. In diesem Winter hatte es wirklich stark geschneit und einen Blizzard hatte es auch schon gegeben. Die zahllosen Schneehaufen türmten sich an den Straßenrändern und die Leute hatten Mühe, sie zu umgehen. Auch die Autos fuhren vorsichtig und rutschten mehr als sie fuhren. Jerry stöhnte und konnte sich nicht erklären, was da in ihm opponierte, was ihn zu diesem Entschluss, heute nicht zur Arbeit zu gehen, bewog.

Sein Blick streifte die umstehenden Gebäude und die Dächer einiger niedriger Häuser. Dicke Eiszapfen hingen dort herb und schienen eine starke Bedrohung für die Menschen auf dem Bürgersteig zu sein. Aber halt, was war das, einige der Zapfen schienen sich zu bewegen. Jerry stutzte, rieb sich die Augen und schaute wieder hin. Kein Zweifel, die Eiszapfen bewegten sich, ganz langsam nur, aber er konnte es sehen, ganz behutsam, beinahe in Zeitlupe bewegten sie sich hin und her. Diese sonderbare Bewegung glich beinahe dem Pendeln einer Uhr, aber wieso funktionierte das, w es doch gar nicht windig war? Plötzlich tat einer der Zapfen einen Satz und sauste hinunter. Unten spielte ein Kind im Schnee – der Zapfen fiel und fiel und das Kind sprang lachend durch die Schneehaufen. Gleich würde es von dem spitzen Zapfen getroffen, da sprang es in ein Haus und verschwand. Der Zapfen aber fiel nicht einfach so ins Leere. Er machte auf einmal eine scharfe Kurve, und hätte das Kind die Haustür nicht hinter sich geschlossen, wäre er ebenfalls in das Haus gestürzt. Krachend zerschellte er an der Tür und Jerry sprang entsetzt auf, um zum Ort des Geschehens zu eilen. Offenbar hatte das alles kein Mensch bemerkt, jedenfalls nahm niemand Notiz von dem Geschehen. Jerry starrte zum Dach hinauf und bemerkte die sich bewegenden Zapfen. Sie schienen die Straße zu beobachten, aber wie war so etwas nur möglich? Es war doch nur Eis, gefrorenes Wasser sonst nichts, oder? Jerry wusste, dass er schnellstens handeln musste. Er rief die Polizei und versuchte die Leute davon zu überzeugen, einen anderen Weg zu nehmen, nicht unter diesem Dach entlang. Die Menschen schauten zwar ziemlich verdutzt, taten aber, wie ihnen geheißen wurde, und die Zapfen schienen gar nicht erbaut von Jerrys Handeln. Sie schienen sich untereinander zu verständigen, bewegten sich schneller als eben noch, und dann rissen drei von ihnen von der Dachkante ab. Wie Geschosse jagten sie zu Boden und Jerry wusste genau, was sie vorhatten. Sie wollten ihn treffen, wollten sich offenbar an ihm rächen, weil er sie entlarvt hatte. Unterdessen traf die Polizei ein und sperrte die Straße ab.

Jerry schaffte es gerade noch rechtzeitig, sich in ein Haus zu retten, als auch schon die drei Zapfen hinter ihm an der Hausmauer zerschellten. Die Beamten, die all das mitverfolgt hatten, trauten ihren Augen nicht. Schnell sprangen sie in ihre Fahrzeuge und warnten die Menschen über Lautsprecher. Panisch rannten die Leute um ihr Leben, retteten sich in die Häuser und schon nach wenigen Minuten war die Straße menschenleer. Die Eiszapfen hatten das alles mitverfolgt und schienen wohl nicht so recht zu wissen, was sie nun tun sollten. Ein eintreffendes Panzerfahrzeug begann schließlich damit, die Zapfen vom Dach zu schießen. Dabei entstand zwar auch an den Dächern ein erheblicher Sachschaden, aber eine andere Möglichkeit gab es im Moment nicht, und die Zapfen konnten restlos beseitigt werden. Das wurde in den meisten Straßen getan und es herrschte über den gesamten Zeitraum Ausnahmezustand in der Stadt. Nach einer Woche war die schwere Arbeit geschafft und kein einziger Eiszapfen hing mehr an irgendeinem Dach. Auch hatte man die Dächer, die für eine solch starke Eiszapfenbildung in Frage kamen, mit einer ganz bestimmten Chemikalie behandelt, die es verhinderte, dass sich neue Zapfen bildeten.

Als man die Zapfen, welche man von den Dächern geholt hatte, untersuchte, konnte man zunächst nichts Besorgniserregendes finden. Doch unterm Mikroskop zeigte sich Unglaubliches: Sämtliche Zapfen schienen mit einer Zellschicht überzogen zu sein. Es handelte sich hierbei um eine organische Schicht, die wohl irgendwie zum Leben erweckt worden war, wie auch immer das geschah. So konnten sich die Zapfen aus eigener Kraft bewegen, wie sie allerdings anstellten, über eine solch bösartige Intelligenz zu verfügen, blieb ein Rätsel. Über Jerrys heldenhaften Einsatz wurde noch tagelang in den Medien gesprochen und es schien, als wenn die Gefahr mit der Beseitigung der Eiszapfen für immer beseitigt worden sei. Es geschah nichts mehr, der Ausnahmezustand wurde aufgehoben und die Menschen liefen durch die Straßen als sei es nie anders gewesen. Schon bald zog der Alltag in die Stadt zurück und die mysteriösen Vorkommnisse mit den Zapfen verblassten.

Eines Abends tobte ein heftiger Blizzard über der Stadt und hohe Schneeberge hatten sich auf den Straßen und Bürgersteigen aufgehäuft. Auch die Dächer waren voller Schnee, doch die Chemikalie verhinderte zuverlässig, dass sich Eiszapfen bilden konnten. Jerry war in Gedanken, als er von der Arbeit nach Hause zurückkehrte. Es war sehr anstrengend, durch den hohen Schnee zu stapfen und der Winterdienst hatte einfach viel zu viel zu tun, um alle Straßen zu beräumen. Plötzlich schien sich einer der hohen Schneehaufen zu bewegen. War es ein Hund, der sich darunter verborgen hatte, eine Katze vielleicht? Offenbar war es nichts dergleichen. Als Jerry vorüberlief, stob der Haufen auseinander, fuhr hoch in die Luft, um gleich darauf wieder zum Erdboden zurück zu sausen. Jerry sah die Schneelawine auf sich zukommen und schaffte es gerade noch rechtzeitig, sich in sein Haus zu retten. Als er durch die Scheibe der Haustür nach draußen blickte, traf ihn beinahe der Schlag. Denn der Schneehaufen hatte sich bedrohlich vor die Tür des Hauses gesetzt und versperrte nun den Weg. Doch da war noch etwas, dass Jerry einfach nicht glauben konnte: In den Schnee war irgendetwas Merkwürdiges geschrieben, dass in feuerroten großen Lettern leuchtete, als hätte es der Teufel in den Schnee geritzt. Jerry wusste genau, was das zu bedeuten hatte, und entzifferte entsetzt das grausige Wort, welches ihn selbst zu meinen schien: „Rache!"

Das Haus im Schnee

„Irgendetwas ist in diesem Haus!"
An diese Worte erinnere ich mich noch heute mit Schau-
dern. Eigentlich wollte ich nie wieder darüber sprechen.
Trotzdem kommt die Erinnerung
immer wieder hoch.

Ich kam gerade von einer Geburtstagsfeier und wollte nach Hause. Die Fahrt bis zur Autobahn hatte ich mir etwas leichter vorgestellt. Doch es stürmte und schneite wie seit Langem nicht mehr. Die Scheinwerferkegel meines Wagens suchten vergeblich nach der Straße in dem immer dichter werdenden Schneetreiben. Schließlich wurde klar, dass ein Weiterfahren einem Selbstmord gleichen würde. Irgendwo hielt ich den Wagen an. Ich musste schleunigst eine Pension finden, um nicht vom Schnee lebendig begraben zu werden. So fuhr ich weiter bis es wirklich nicht mehr ging. Ich wusste nicht einmal mehr, ob ich mich überhaupt noch auf einer Straße befand. Der Blizzard tobte wie ein bösartiges Ungeheuer. Glücklicherweise stand nicht weit entfernt ein Haus. Es lag einsam mitten im Schnee und sah schon recht verfallen aus. Doch aus den Fenstern fiel ein schwacher Lichtschein. Also wohnte hier auch jemand, dachte ich mir. Ich stieg aus und stemmte mich mühevoll gegen die eisigen Schneeböen. Eine Klingel fand ich nicht, so pochte ich mehrmals gegen die alte Holztür. Doch es öffnete niemand. Der Sturm heulte um die Ecken und blies mir immer wieder neuen Schnee in die Augen. „Hallo", rief ich so laut ich konnte, „ist jemand zu Hause!" Endlich öffnete sich die Tür einen winzigen Spalt. Eine alte Frau steckte ihren grauhaarigen Kopf hindurch und fragte dann mit zittriger

Stimme: „Was wünschen Sie junger Mann?" Fröstelnd bat ich um ein Nachtquartier. Die Alte musterte mich misstrauisch von oben bis unten. Dann nickte sie zufrieden und kicherte leise vor sich hin. „Na, komm schon rein, Söhnchen. Komm nur rein." Schnell stapfte ich hinein und klopfte mir die Schuhe ab. Dann schaute ich mich verwundert um. Überall standen alte Kommoden, die wohl schon bessere Zeiten gesehen haben mussten. Der Fußboden war schmutzig und Spinnweben hingen an den Wänden. Im düsteren Licht der Deckenlampe konnte ich die Alte besser erkennen- sie trug ein langes schwarzes Kleid und ihr faltiges Gesicht schien verhärmt und kränklich. Fahl und leblos schauten ihre Augen zu mir herüber. Dann sagte sie leise: „Ich hol Dir erst mal einen heißen Tee. Und gegessen hast Du sicher auch noch nichts." Mit diesen Worten verschwand sie in einem Nebenraum. Sie brachte mir einen Kräutertee und eine heiße Bockwurst. „Nun stärke Dich erst einmal, Söhnchen", meinte sie noch, „ich zieh mich jetzt zurück. Kannst da drüben auf dem Sofa schlafen. Da liegt auch eine warme Decke. Gute Nacht Söhnchen." Sie schaute sich noch einmal um, während sie in dem vermeintlichen Nebenraum verschwand. Es war, als wollte sie mir noch etwas sagen. Doch ich war zu müde, um sie danach zu fragen. Ich schlürfte meinen heißen Tee und verschlang die Bockwurst. Dann legte ich mich auf das gemütliche Sofa und schlief ein. Wie lange ich schlief, weiß ich nicht mehr. Irgendwann riss mich ein lauter Schrei aus dem Schlaf. Ich fuhr hoch und starrte in die Dunkelheit. Was war das? Wer hatte da geschrieben? Ging es der Alten nicht gut? Ich suchte nach einem Lichtschalter. Ich fand ihn, knipste mehrmals, doch das Licht ließ sich nicht einschalten. Glücklicherweise hatte meine Uhr eine Beleuchtung.

So konnte ich wenigstens die Zeit ablesen- es war kurz nach Eins. Mir fiel die eisige Kälte auf, die plötzlich wie ein Windstoß durch die Räume fuhr. Plötzlich vernahm ich eine Stimme, sie flüsterte: „Irgendetwas ist in diesem Haus. Helfe mir, helfe mir!!!" Ein Schauer lief mir über den Rücken. Eilig zog ich mich an und rief noch einmal nach der Alten. Doch es kam keine Antwort. Mir wurde klar, dass hier irgendetwas nicht stimmte. Was ging hier nur vor? Ich schaute zum Fenster. Es war zerschlagen und der eisige Wind fuhr herein. Vor dem Fenster sah ich eine Gestalt. Ich erschrak! War das die Alte? Hatte sie vielleicht Spaß daran, mir einen Schrecken einzujagen? „Wer sind Sie", rief ich laut und zog mir dabei die Jacke über. Die Gestalt rührte sich nicht, flehte nur: „Hilf mir, bitte hilf mir! Irgendetwas ist in diesem Haus! Bitte hilf mir!" Nachdem ich meine Mütze aufgesetzt hatte, schaute ich nochmals zum Fenster. Doch die Gestalt schien verschwunden zu sein. Ich wollte noch einmal zum Fenster, um mich zu überzeugen, dass dort niemand war. Doch dazu kam ich nicht mehr. Das Haus begann plötzlich hin und her zu schwanken. Krachend fielen die Möbel um und in den Mauern bildeten sich lange Risse. Splitternd zerbrachen die Scheiben, und ich hatte nur noch einen Gedanken – nichts wie raus! Panisch rannte ich los, durch die halbwegs noch intakte Tür hinaus ins Freie. Mein Fahrzeug stand unter einem hohen Baum. So war es nicht total eingeschneit. Mit zittrigen Händen schob ich den Schnee von der Scheibe, stieg ein und fuhr los. Noch einmal schaute ich in den Rückspiegel. Doch was war das? Entsetzt stellte ich fest, dass das Haus eingestürzt war. Außerdem flog eine beängstigende, rot schimmernde Gestalt auf mein Fahrzeug zu. Wie von Sinnen gab ich Gas und raste davon! Irgendwann erreichte ich eine Kreuzung und bog auf eine befahrene Straße ab. Ich bebte am ganzen Leibe. Hatte ich jetzt schon Halluzinationen? Noch einmal schaute ich in den Rückspiegel – doch da war nichts mehr. Ich fuhr bis zur Autobahn. An einer großen Raststätte hielt ich schließlich an. Noch immer völlig durcheinander brauchte ich erst einmal einen Cognac. Ich setzte mich an einen Tisch, an welchem bereits zwei Trucker genüsslich ihr Steak verzehrten. Schnell kam ich mit ihnen ins Gespräch, denn ich musste jetzt dringend mit jemandem reden. Als ich den Cognac intus hatte, kehrten auch die Lebensgeister zurück. Wohlige Wärme stieg in den Kopf und in die Beine. Und meine Zunge wurde ziemlich locker. In allen Einzelheiten berichtete ich den beiden von meinem schier unglaublichen Erlebnis. Schweigend schauten sie mich an. Ihre Gesichter wurden plötzlich sehr ernst. Einer der beiden fasste sich und meinte nur: „Das war das Haus der alten Agathe. Sie ist bei einem Brand vor vielen Jahren ums Leben gekommen. Die Überreste ihres Hauses liegen noch heute an der Stelle herum. Man sagt, ihre Seele komme seitdem nicht mehr zur Ruhe. In mancher Winternacht erscheine sie Vorbeifahrenden und gewährt ihnen Unterkunft. Sie suche wohl noch immer den Brandstifter. Der soll angeblich rot ausgesehen haben und konnte fliegen. Manche sagen, es sei der Teufel gewesen!"

Ein Stückchen Hoffnung

Es war am Rand der großen Stadt
Da lebte er mit sich allein
Dort, wo die Welt nichts Warmes hat
Hat er gelebt, allein, nicht satt
Er wollt es nicht
Es musste sein

So manchen Joint am Morgen schon
Den er gefunden irgendwo
Er triebs mit manchem Hurensohn
Für wenig Geld
Was macht das schon
Ein Stückchen Leben
Oder so

An einem Tag, der anders schien
Fand er den Mann
Der ihm gefiel
Er zog mit ihm mal her,
Mal hin
Es machte alles einen Sinn
Vielleicht war das sein neues Ziel

Der fremde Kerl hat ihn gemocht
Er fand ihn lustig sicherlich
Er hatte ihm mal was gekocht
Dort, wo der Specht ins Holze pocht
Da sagte er: "Ich liebe dich"

In seinen Armen träumte er
Von manchem Glück
Vom fernen Land
Mit diesem Mann ans blaue Meer
Ein Stückchen Leben, das nicht leer
Ein bisschen nur die fremde Hand

Doch irgendwann als Regen fiel
War jener Fremde plötzlich fort
Und wieder neu
Das alte Spiel
So arm und einsam, ohne Ziel
An einem kalten, stillen Ort

Ein Stückchen Hoffnung war da noch
Er dachte an den Fremden oft
Das hielt ihn fern
Von manchem Loch
Das schmolz dahin ganz sacht jedoch
Manch´ Träne aus den Augen tropft

Bald zog er weiter seinen Weg
Am Rand der Stadt mit seinem Joint
So Vieles schien vom Wind verweht
Sein Leben wohl total verdreht
Auf keiner Suche nach ´nem Freund

Ein Husten quälte plötzlich stark
Das Blut lief ihm aus Nas´ und Mund
Der Hölle nah an Nacht und Tag
Er hielt sich noch
Hat nicht geklagt
Sein Leib so krank
Die Seele wund

Halbtot und schwer
Fast wie ein Stein
Versank er unterm Blätterdach
Am Rand der Stadt
So sollt es sein
Nur er, sein Traum, der Mondenschein
Noch nie war er so hell und wach

Es war am Rand der kalten Stadt
Als er die Augen leise schloss
Dort wo der Wald noch Träume hat
Verschwand er still
Vom Leben matt
Ein Stückchen Hoffnung
Gar nicht groß

Lied von der Möwe
(Song)

Eine Möwe zieht
In die ewig triste Welt
Und der Abend flieht
Dorthin,
Wo ein Traum uns hält
Wir sind weit
Und du siehst mich schweigend an
Fragst mich leise irgendwann
Was in unserm Leben noch blüht

Jenseits der Nacht ist ein neuer Tag
Niemand weiß,
Was er uns wohl noch zu bringen vermag
Alle Träume ziehen in die Freiheit tief hinein
Dort sind wir niemals mehr allein

Und die Möwe zieht
Zu der Insel da im Meer
Alle Nacht entflieht
Sie kommt niemals wieder her
Wir sind froh
Und du sagst, dass du mich liebst
Ja, ich spür, dass es so ist
Weil sie tief im Herzen erblüht

Jenseits der Nacht ist ein guter Tag
Niemand weiß,
Was er uns wohl noch zu bringen vermag
Alle Hoffnung zieht in unsre Seele tief hinein
Wir sind doch niemals mehr allein

Eine Möwe fliegt
Über Meere,
Durch das Land
Einsamkeit verfliegt
Und die Liebe ist entflammt
Nur wir zwei
Nein, ich geh nie wieder fort
Diese Insel – unser Ort
Das ist unser Wunderland

Jenseits der Zeit lebt das große Glück
Es gab uns den Glauben
An das Leben zurück
Alle Sehnsucht zieht in unsere Herzen tief hinein
Hier sind wir niemals mehr allein

Droht manche Wolke trüb und schwer
Wir sind so stark wie nie vorher

Trommelklang
Der Meilen – Song

In einem Dorf am Rand der Welt
Mit seiner Mama
Recht allein
Dort lebte er
Mit wenig Geld
In Afrika –
Ob das was zählt
Es sollte einmal anders sein

So viele starben irgendwann
Weil keiner half
Sie waren krank
Was fängt man mit dem Leben an
Als viel zu junger, armer Mann
In dieser Hütt´ im Wüstensand

Von fern erklangen Trommeln leis
Er träumte dann vom fernen Land
Und irgendwann zerbrach das Eis
Die Mutter wusste
Was er weiß:
Ganz plötzlich ist er fortgerannt

Mit vielen anderen im Treck
So zog er flugs zum Ozean
Da schien sein Traum von Glück perfekt
Von Arbeit, Wohnung, Hemd –
Adrett
Und von Familie:
Frau und Mann

Am Ufer stand der Schlepper schon
Kassierte flott das letzte Geld
Beschimpfte ihn als Hurensohn
Und alle Hoffnung schien wie Hohn
Wo lag sie nur
Die große Welt

Mit fünfzig Anderen im Boot
Das kenterte fast irgendwo
So fuhren sie ins Morgenrot
So viele starben
Waren tot
Wer fragte schon –
Es war halt so

Am fernen Strand
Als es schon hell
Da kam er an –
Man gab ihm Brot
Er wollte weiter –
Gleich und schnell
Ins Paradies zur großen Welt
Ganz ohne Schlepper –
Flüchtlingsboot

So zog er nordwärts immerfort
Durch Grenzen
Die so hoch und dicht
Er wollte zu dem Wunderort
Denn Milch und Honig gab es dort
Und auch ein Haus mit Bett und Licht

Doch als er sah dies neue Land
Da traf er Menschen voller Zorn
Die steckten bald sein Heim in Brand
Die wollten keine schwarze Hand
Dort schien sein Traum vom Glück
Erfrorn

Soll das dies Wunderlande sein
Von dem er träumte fern im Busch
Er weinte leise, wollte heim
Wollt wieder bei der Mama sein
Hier wars nur kalt
Ein schlimmer Pfusch

Und eines Morgens hörte er
Die Trommeln leis von fern und nah
Da wusste er
Es wird nicht schwer
Und selbst sein Traum so reich nicht leer
Die Heimat rief
Sein kleiner Stern

So zog er los
Zur Mama gings
Der Weg war weit und doch so klar
Er wusste, mit viel Kraft gelingts
Er hoffte, wenn er kämpft, dann stimmts
Die Heimat nur
Sein Leben war

Im Lande hinterm Ozean
In Afrika
Bei Mama ach
Fing er nochmal von vorne an
Und alle halfen ihm sodann
Bald hatten sie ein neues Dach

Das Leben kam ins Dorf zurück
Denn auch die Freunde kehrten heim
Er sah vom Paradies ein Stück
Doch gab es dort kein Traum
Kein Glück
Dort flossen weder Milch noch Wein

In jenem Dorf am Rand der Welt
Mit Mama, Freunden, Wüstensand
Da lebten sie mit wenig Geld
Da wusste er
Was wirklich zählt
Es war der Heimat
Trommel-Klang

Schwarze Wege

Schwarze Wege in die Hölle
Alles geht nur noch begrab
Wo ist Gott,
Auf den ich zählte
Kaum noch Hoffnung
Nur noch Kälte
Und am End seh ich mein Grab

Düsternis in allen Straßen
Nacht droht überall um mich
Regen in den engen Gassen
Welt, ich spür,
Du willst mich hassen
Mann, ich fühl mich fürchterlich

Stillstand klebt mich fest am Orte
Hier scheint alles tot und öd
Fast schon fehlen mir die Worte
Bin nicht von der starren Sorte
Diese Stille find ich blöd

Warum lässt mich Gott verzweifeln
Warum findet er das toll
Warum darf mich niemand streicheln
Nein, ich kann so keinem schmeicheln
In mir drin schreit Angst und
Groll

Lang such ich nach einem Wege
Der mich aus dem Alptraum führt
Doch verkohlt sind alle Stege
Fühl nicht, dass ich doch noch lebe
An dem Ort, wo man nichts spürt

Einsamkeit in meiner Seele
Einsamkeit in Herz und Blick
Wie ich mich auch immer quäle
Trete ständig auf der Stelle
Komme vorwärts nicht ein Stück

Alles scheint vorbeigezogen
Überholt von Glück und Zeit
Hab mich selbst zu oft belogen
Wohl zu lange Gott beschworen
Jetzt herrscht nur noch Dunkelheit

Ach, ich irr durch mein Verderben
Ists nun Hölle
Oder nicht
Keineswegs will ich jetzt sterben
Alles liegt noch nicht in Scherben
Ja, ich hoff noch auf mein Licht

Traum

Liege auf dem Sofa lang
Denke nach,
Nichts fällt mir ein
Bin gesund nicht,
Bin nicht krank
Geh in Gedanken hin zum Strand
Zähle manchen Kieselstein

Schau hinaus
Aufs blaue Meer
Nur ein Wind zerkräuselts leicht
Wünscht mir eine Liebe her
Doch der Strand gähnt menschenleer
Und der Sand ist feucht und
Seicht

Da berührt mich eine Hand
Sanft verführt sie mein
Gesicht
Wer nur ists,
Der mich hier fand
Hier im schönen Wunderland
Vor des Meeres wilder
Gischt

Lang schau ich in dein Gesicht
Ja, es lächelt
Und es fragt
Nur ein Wort,
Das fällt noch nicht
Hier am Strand
Im Sonnenlicht
Hier an diesem Zauberort

Und du küsst mich plötzlich heiß
Ich versink in (m)einem Traum
Und das Meer schäumt laut
Und leis
Und ich ahn nicht,
Was ich weiß
Hier am Meer
Am Ufersaum

Nein, du lässt mich nicht mehr los
Und wir tanzen übern Strand
Unsere Liebe ist so groß
Unser Traum –
So grenzenlos
Wo du mich,
Und ich dich fand

Doch es ist nur ein Gefühl
Es weicht langsam
Und ganz sacht
Um mich ists so einsam,
Still
Nein, kein Meer rauscht wild und schrill
Eine Uhr schlägt Mitternacht

Lieg noch auf dem Sofa hier
Keine Hand,
Kein Ufersaum
Plötzlich öffnet sich die Tür
Plötzlich, ach,
Stehst
Du vor mir
Und du küsst mich wie im
Traum

Lenny
oder
Was

Ein schmucker Mann
Mit schwarzem Haar
Grinst auf der Bühne
Recht verschmitzt
Hält einen Vortrag
Laut
Und
Klar
Weiß,
Was er will
Er ist kein Star
Jedoch sein Leben –
Echt,
Kein
Witz

Einst war er
Frau
Kennt sich da aus
Und wars doch nicht
Und wusstes nicht
Manchmal so klar
Dann kleine Maus
Oft einsam,
Elend,
Übler Graus
Im Spiegel Leere,
Kein Gesicht

Er hält den Vortrag über
Sich
Und schmunzelt rüber,
Einfach so
Die Jugend:
Scheußlich,
Fürchterlich
Mal Frau
Mal Mann
Mal widerlich
Mal ganz am Ende
Gar nicht froh

Wo andere gespielt,
Gelacht
Da hat er sich versteckt
Im Loch
Der Vater hat sich
Fortgemacht
Er schämte sich
Vorm Ungemach
Ihm blieb am End ein
Alptraum
Noch

Dann die OP
Ein harter Weg
Gekotzt
Geheult
Geflucht
Geschrien
Er wusste, wenn er weitergeht,
Wird alles anders,
Auch verdreht
Doch Umkehr hat da keinen Sinn

Schon mal gestorben
Irgendwann
Erwachsen aus manch´
Düsternis
Entstand aus Tränen
Frau
Und
Mann
Die Klarheit formte sich
Sodann
Denn es ist hell,
Nicht
Finsternis

Ein schmucker Kerl
Mit wildem Haar
Lebt auf der Bühne
Lacht mich an
Hält einen Vortrag
Klug
Und
Klar
Und nichts ist mehr
Wie es mal war
Ich find,
Er ist ein toller
Mann

Ein Bild

Auf einem Bild
Aus fernem Land
War diese Frau
So schwach, so klein
Ihr Blick,
Trüb,
Starr,
Wie ausgebrannt
Ihr Sohn war tot
Im fernen Land
Sie konnte nur noch
Traurig sein

Sie stand nur da
Und weinte nicht
Die Augen warn längst
Leergeweint
Ich sah dem Sohn
Ins Angesicht
Da war kein Leben mehr,
Kein Licht
Dort wo auf Hoffnung
Krieg sich reimt

Umarmt hat sie den Sohn
Ganz fest
Wohl ließ sie ihn nie wieder los
Ein stummer Schrei,
Der schaudern lässt
Ein Bild von Traurigkeit
Durchnässt
Von Mutterliebe
Grenzenlos

Lang schaute ich auf dieses
Bild
Mich traf es hart
Ganz tief ins Herz
All diese Blicke
Angsterfüllt
Wo manch´ ein Söldner
Nichts mehr fühlt
Wo manche Seel fliegt
Himmelwärts

Auf jenem Bild
Im fernen Land
War jene Mutter
Stolz und
Stark
Von Glück und Frieden
Längst verbannt
Ihr Sohn starb da
In jenem Land
Ich wünsch ihr Kraft
An jedem
Tag

Der Radiomann

Der liebe gute Tino
Ein flotter Radiomann
Der liebte alten Vino
Und zog sich bieder an

Er war der große Liebling
In jeder Radioshow
Er hatte dieses Feeling
Und schien fast immer froh

Doch heimlich nahm er Drogen
Das hielt ihn fit und jung
Da gabs nichts mehr zu loben
Da war wohl Vieles krumm

So schmierte er mit Geldern
Er brauchte viel davon
Und heimlich in manch´ Wäldern
Gabs reichlich Crystal schon

Es ging ihm immer schlechter
Und jünger ward er nicht
Recht stur und
Selbstgerechter
Gar furchig sein Gesicht

Das Geld und auch die Drogen
Zerstörten Tino bald
Er hat sich´s nicht verboten
In ihm wars einsam,
Kalt

Kein Fan –
Nichts ist geblieben
Das Radio half ihm nicht
Er hat sich rumgetrieben
Fernab von Ruhm und
Licht

Gestorben und
Vergessen
Den Tino gibt's nicht mehr
Vom Drogen-Glück zerfressen
Er liebte Crystal sehr

Der arme Drogen-Tino
Einst flotter Radiomann
Auf ihn ein Gläschen Vino
Ein stilles „Prost"
Sodann